CÓMO SER UN BUEN LÍDER HOY

Construyendo un impacto duradero para las generaciones futuras

Andrés Bravo

Contenido

Introducción

El liderazgo es un aspecto fundamental de los esfuerzos humanos, que tiene una influencia determinante en los resultados de las organizaciones, las comunidades e incluso las naciones.

Ya sea en el mundo de los negocios, la política, la educación o cualquier otra esfera de influencia, el liderazgo efectivo juega un papel esencial para impulsar el éxito, fomentar el crecimiento e inspirar un cambio positivo.

En este libro profundizaremos en la esencia del liderazgo y exploraremos los elementos críticos que definen a un buen líder.

Al comprender la importancia del liderazgo efectivo y obtener información sobre las características claves que distinguen a los líderes excepcionales, se embarcará en un viaje de crecimiento personal y profesional, desbloqueando su potencial para convertirse en un líder extraordinario.

Capítulo 1

Importancia del liderazgo eficaz

En este capítulo, explicaremos por qué es importante el liderazgo eficaz.

El liderazgo eficaz juega un papel fundamental en cualquier organización, ya sea una empresa, una institución o incluso un grupo de personas que trabajan juntas hacia un objetivo común.

Es la capacidad de un líder para influir y guiar a otros de manera efectiva lo que marca la diferencia en el logro de resultados exitosos.

En primer lugar, el liderazgo eficaz es crucial para establecer una visión clara y compartida.

Un líder efectivo tiene la capacidad de comunicar y transmitir una visión inspiradora que motive a los miembros del equipo a trabajar hacia metas comunes.

Esta visión proporciona una dirección clara y un propósito, lo que ayuda a alinear los esfuerzos individuales y colectivos hacia un objetivo común.

Además, el liderazgo eficaz fomenta un ambiente de trabajo positivo y motivador. Los líderes que son capaces de inspirar a su equipo y fomentar un clima laboral positivo crean un entorno propicio para el crecimiento y el desarrollo personal.

Esto a su vez aumenta la moral y la motivación de los empleados, lo que se traduce en un mejor desempeño y una mayor productividad.

Otro aspecto importante del liderazgo eficaz es la capacidad de tomar decisiones sólidas y estratégicas.

Los líderes deben ser capaces de evaluar situaciones, analizar opciones y tomar decisiones informadas.

Una toma de decisiones efectiva no solo implica considerar los beneficios a corto plazo, sino también comprender las indicaciones a largo plazo y tener en cuenta los intereses de todas las partes involucradas.

Asimismo, el liderazgo eficaz implica desarrollar y gestionar los talentos y habilidades de los miembros del equipo.

Un buen líder no solo reconoce y valora las fortalezas individuales, sino que también brinda oportunidades de crecimiento y desarrollo.

Al invertir en el desarrollo de los miembros del equipo, los líderes eficaces pueden fomentar un entorno de aprendizaje continuo y promover el éxito individual y colectivo.

En resumen, el liderazgo eficaz es esencial para el crecimiento y el éxito de cualquier organización.

Un líder que puede establecer una visión clara, motivar a su equipo, tomar decisiones estratégicas y desarrollar el talento de los demás es un activo valioso.

A través de un liderazgo efectivo, se puede lograr un alto rendimiento, una cultura de trabajo positiva y el logro de metas y objetivos organizacional. El liderazgo eficaz es la piedra angular de las organizaciones prósperas.

Capítulo 2

El poder de la autorreflexión

La autorreflexión es una práctica que implica la introspección y la contemplación. Nos permite examinar nuestros pensamientos, creencias, valores y comportamientos.

Al reservar tiempo para la autorreflexión, creamos un espacio para que florezca la autoconciencia.

La autorreflexión ofrece numerosos beneficios. Nos ayuda a obtener claridad sobre nuestras metas, fortalezas y debilidades. Nos permite identificar patrones en nuestro comportamiento y realizar cambios positivos.

La autorreflexión también promueve la inteligencia emocional, ya que nos permite comprender y regular nuestras emociones de manera efectiva. Existen diversas técnicas para facilitar la autorreflexión, como llevar un diario, la meditación y buscar retroalimentación de otras personas.

Llevar un diario nos ayuda a registrar nuestros pensamientos y sentimientos, mientras que la meditación cultiva una mente tranquila y enfocada.

La retroalimentación de personas de confianza puede proporcionar perspectivas e ideas valiosas.

El desarrollo personal implica un aprendizaje y crecimiento continuos. Requiere una mentalidad que abrace nuevas experiencias y desafíos.

Al buscar oportunidades de aprendizaje, ya sea a través de la educación formal o de manera informal, ampliamos nuestros conocimientos y habilidades.

Establecer metas es fundamental para el desarrollo personal. Las metas brindan dirección y motivación, permitiéndonos enfocar nuestros esfuerzos en alcanzar el éxito propuesto.

Capítulo 3

Construyendo una base de confianza y respeto

En este capítulo, explicaremos la importancia de construir una base sólida de confianza y respeto en nuestras relaciones personales y profesionales.

La confianza y el respeto son fundamentales para establecer conexiones significativas, fomentar la colaboración y promover un ambiente saludable y positivo.

A través de acciones y actitudes consistentes, podemos construir relaciones duraderas y gratificantes basadas en la confianza mutua y el respeto mutuo.

La confianza es el pilar fundamental de cualquier relación exitosa.

Implica tener fe y seguridad en la integridad, la honestidad y la fiabilidad de los demás.

Además se construye a través de la consistencia en las acciones y las palabras, la transparencia y la capacidad de cumplir las promesas, y tiene una gran cantidad de beneficios.

Enriquece nuestras relaciones al proporcionar un ambiente seguro para compartir ideas, sentimientos y vulnerabilidades.

Promueve la comunicación abierta y honesta, facilitando la resolución de conflictos y la colaboración efectiva.

La confianza también genera un sentido de conexión y bienestar emocional en las relaciones. Y es algo que puede cultivarse a lo largo del tiempo a través de acciones coherentes y honestidad.

Para fortalecer la confianza, es fundamental cumplir las promesas, ser transparente en la comunicación y actuar con integridad en todas las interacciones.

También es importante demostrar empatía y comprensión hacia los demás, lo que ayuda a fortalecer los lazos de confianza.

El respeto cumple un rol esencial aquí y entenderlo implica reconocer y valorar la dignidad, las opiniones y los límites de los demás.

Es fundamental tratar a los demás con cortesía, consideración y aprecio. El respeto crea un ambiente de igualdad y fomenta la comprensión mutua. Además, incluye un montón de beneficios que se verán recompensados en la búsqueda de liderazgo.

El respeto promueve relaciones armoniosas y saludables, permitiendo que las personas se sientan valoradas y escuchadas.

Fomenta la colaboración y la cooperación, mejorando la comunicación y el trabajo en equipo.

También fortalece la autoestima y genera un ambiente de aceptación y apoyo.

Para fomentar el respeto, es importante practicar la empatía y mostrar consideración hacia los demás.

Escuchar activamente, ser abierto a diferentes perspectivas y tratar a todos con cortesía y amabilidad son acciones fundamentales.

Además, es esencial establecer límites claros y respetar los límites de los demás. Una comunicación abierta y honesta es esencial para construir relaciones basadas en la confianza y el respeto.

Compartir información de manera clara y transparente, expresar opiniones de manera respetuosa y ser receptivo a los puntos de vista de los demás promueve la confianza mutua y el entendimiento.

Otro de los aspectos que resulta en beneficio de cultivar la confianza y el respeto es la resolución constructiva de conflictos, que resulta clave para mantener relaciones saludables.

Al abordar los desacuerdos con respeto, escucha activa y disposición a encontrar soluciones mutuamente, se fortalece la confianza y se evitan resentimientos y tensiones.

La construcción y el mantenimiento de relaciones basadas en la confianza y el respeto requieren un compromiso con el aprendizaje continuo y la adaptabilidad. Estar dispuesto a aprender de los demás, reconocer y corregir errores, y adaptarse a las necesidades cambiantes de las personas fortalece los vínculos y el respeto mutuo.

La construcción de una base sólida de confianza y respeto es esencial para establecer relaciones saludables y significativas.

Al practicar la confianza y el respeto mutuos, creamos un ambiente de apoyo, colaboración y crecimiento personal.

Al invertir tiempo y esfuerzo en construir relaciones basadas en estos valores, cosecharemos beneficios duraderos en nuestras vidas personales y profesionales.

Capítulo 4

Desarrollando habilidades esenciales de liderazgo

En el mundo empresarial y en diversos ámbitos de la vida, el liderazgo desempeña un papel fundamental para alcanzar el éxito.

Un líder efectivo no solo es capaz de inspirar y motivar a su equipo, sino que también es capaz de tomar decisiones acertadas y gestionar de manera eficiente los recursos disponibles.

En este capítulo, explicaremos algunas de las habilidades esenciales que todo líder debe desarrollar para alcanzar su máximo potencial.

Una de las habilidades más importantes que todo líder debe cultivar es la comunicación efectiva.

La capacidad de transmitir claramente ideas, metas y expectativas es esencial para establecer una visión compartida y garantizar que todos los miembros del equipo estén alineados.

Un líder efectivo debe ser capaz de escuchar activamente, expresarse de manera clara y utilizar diferentes canales de comunicación para adaptarse a las necesidades de su equipo.

Tomar decisiones acertadas es otra habilidad esencial para un líder.

Ante situaciones complejas y desafiantes, un líder debe ser capaz de evaluar cuidadosamente las opciones disponibles, considerar los riesgos y beneficios, y tomar decisiones oportunas.

Esto requiere habilidades de pensamiento crítico, análisis de datos y capacidad para gestionar la incertidumbre.

Un líder debe confiar en su intuición y experiencia, pero también estar dispuesto a buscar la opinión de los demás y considerar diferentes perspectivas antes de decidir. Gestión del tiempo y establecimiento de prioridades.

Un líder eficaz sabe administrar su tiempo y establecer prioridades.

El tiempo es un recurso limitado y valioso, por lo que es fundamental saber cómo asignarlo de manera efectiva.

Esto implica identificar las tareas más importantes y urgentes, establecer plazos realistas y delegar responsabilidades cuando sea necesario.

Un líder debe ser capaz de equilibrar sus propias responsabilidades con las necesidades del equipo, optimizando así el rendimiento global.

Además de liderar directamente a un equipo, un líder efectivo también debe ser capaz de desarrollar habilidades de liderazgo en otros.

Esto implica identificar el potencial en los miembros del equipo, brindarles oportunidades de crecimiento y fomentar un ambiente en el que puedan aprender y asumir roles de liderazgo.

Un líder exitoso sabe cómo empoderar a los demás, brindándoles apoyo y orientación para que alcancen su máximo potencial.

En un mundo en constante evolución, la adaptabilidad es una habilidad esencial para un líder.

Los líderes deben ser capaces de gestionar el cambio de manera efectiva, anticiparse a los desafíos y ser flexibles en su enfoque.

Esto implica ser receptivo a nuevas ideas, estar dispuesto a aprender y adaptarse rápidamente a las circunstancias cambiantes.

Un líder adaptable inspira confianza en su equipo y es capaz de liderar con éxito en cualquier situación.

Desarrollar habilidades esenciales de liderazgo es fundamental para convertirse en un líder efectivo.

La comunicación efectiva, la toma de decisiones, la gestión del tiempo, el desarrollo de habilidades en otros y la adaptabilidad son solo algunas de las habilidades claves que todo líder debe cultivar.

Al invertir tiempo y esfuerzo en el desarrollo personal, un líder puede marcar la diferencia y lograr resultados sobresalientes tanto para sí mismo como para su equipo.

Recuerda que el liderazgo no solo se trata de estar al frente, sino de inspirar y guiar a otros hacia el éxito compartido.

Capítulo 5

Predicar con el ejemplo

Uno de los aspectos más importantes del liderazgo efectivo es la capacidad de predicar con el ejemplo.

Los líderes que demuestran coherencia entre sus palabras y acciones ganan el respeto y la confianza de su equipo.

En este capítulo, explicaremos la importancia de ser un modelo y cómo los líderes pueden aplicar esta habilidad para inspirar y motivar a los demás.

Ser un líder que predica con el ejemplo implica ser una persona de integridad y ética. Esto significa actuar de acuerdo con los valores y principios fundamentales, tanto en la vida profesional como personal.

Los líderes éticos establecen altos estándares para sí mismos y para los demás, y se adhieren a ellos incluso cuando enfrentan desafíos o presiones.

Al mostrar un comportamiento ético consistente, los líderes inspiran confianza y cultivan una cultura de integridad en toda la organización.

Los líderes efectivos se aseguran de que sus acciones respalden sus palabras.

No solo transmiten mensajes claros y consistentes, sino que también se esfuerzan por vivir de acuerdo con lo que predican.

Esto implica alinear los discursos con las prácticas diarias y ser congruente en las decisiones y acciones que se toman. Los líderes coherentes establecen un ejemplo positivo para su equipo, fomentando así la confianza y el compromiso.

Predicar con el ejemplo también implica mostrar empatía y respeto hacia los demás. Los líderes deben ser conscientes de las necesidades y sentimientos de su equipo, y tratar a cada persona con dignidad y respeto.

Esto implica escuchar activamente, mostrar comprensión y considerar diferentes perspectivas.

Al practicar la empatía y el respeto, los líderes crean un ambiente de trabajo positivo y fortalecen las relaciones dentro del equipo.

Los líderes que predican con el ejemplo se esfuerzan por su propio desarrollo personal y profesional.

Buscan continuamente oportunidades de aprendizaje, se mantienen actualizados en su campo y se esfuerzan por mejorar sus habilidades y conocimientos.

Al invertir en su crecimiento, los líderes demuestran la importancia del desarrollo continuo y motivan a otros a hacer lo mismo.

Asimismo, se convierten en modelos a seguir para su equipo, inspirándose a superarse y alcanzar su máximo potencial.

Asumen la responsabilidad de sus acciones y decisiones. Reconocen sus errores y aprenden de ellos, en lugar de buscar culpables o excusas. Además, fomentan una cultura de rendición de cuentas en la que todos los miembros del equipo se sientan responsables de sus propias acciones y resultados.

Al ser un ejemplo de responsabilidad, los líderes motivan a su equipo a asumir la responsabilidad de sus tareas y a buscar constantemente la excelencia.

Predicar con el ejemplo es una cualidad fundamental en el liderazgo efectivo.

Los líderes que actúan con integridad, coherencia, empatía, desarrollo personal y responsabilidad son capaces de inspirar y motivar a su equipo.

Al ser un modelo a seguir, los líderes establecen el tono y los estándares para el éxito.

Recuerda que tus acciones hablan más fuerte que tus palabras, y ser un líder ejemplar puede marcar una gran diferencia en el rendimiento y la cultura de tu equipo.

Capítulo 6

Empoderar y motivar a su equipo

Como líder, una de tus responsabilidades más importantes es empoderar y motivar a tu equipo.

Cuando los miembros del equipo se sienten valorados, inspirados y capacitados, son más propensos a alcanzar su máximo potencial y lograr resultados excepcionales.

En este capítulo, exploramos estrategias efectivas para empoderar y motivar a tu equipo, fomentando así un ambiente de trabajo positivo y productivo.

Una forma poderosa de empoderar a tu equipo es delegar responsabilidades.

Al asignar tareas y proyectos a los miembros del equipo, les brindas la oportunidad de asumir roles de liderazgo y tomar decisiones.

Delegar muestra confianza en las habilidades y capacidades de tu equipo, y les permite crecer y desarrollarse profesionalmente.

Asegúrate de proporcionar orientación y apoyo adecuados durante el proceso de delegación para garantizar el éxito.

Proporcionar a tu equipo cierto grado de autonomía les permite tomar decisiones y asumir la responsabilidad de su trabajo. Esto les da un sentido de propiedad y control sobre sus proyectos, lo que a su vez aumenta su motivación y compromiso.

Establece metas claras y proporciona límites y orientación, pero también permite que los miembros del equipo encuentren su propio enfoque para lograr los resultados deseados.

El fomento de la autonomía fomenta la creatividad y la innovación en el equipo. Reconocimiento y recompensas.

El reconocimiento y las recompensas son poderosas herramientas para motivar a tu equipo. Celebra los logros y éxitos individuales y colectivos, y muestra tu gratitud por el arduo trabajo y los resultados alcanzados.

El reconocimiento puede ser en forma de elogios públicos, premios o incentivos tangibles. Además, asegúrate de tener en cuenta las necesidades y preferencias individuales de tus miembros del equipo al proporcionar recompensas.

El reconocimiento y las recompensas adecuadas fortalecen la moral y el sentido de pertenencia del equipo.

Una comunicación clara y abierta es esencial para empoderar y motivar a tu equipo.

Mantén líneas de comunicación abiertas, brinda retroalimentación constructiva y regular a tus miembros del equipo, reconoce sus fortalezas y proporciona orientación para el crecimiento y la mejora.

La retroalimentación positiva y constructiva les ayuda a desarrollar confianza y habilidades, y también les muestra que te preocupas por su crecimiento y éxito.

Invertir en el desarrollo profesional de tu equipo es una forma efectiva de empoderarlos y motivarlos.

Proporciona oportunidades de capacitación y desarrollo, ya sea a través de cursos, talleres, mentorías o asignación de proyectos desafiantes.

Apoya a tus miembros del equipo en su crecimiento y fomenta una cultura de aprendizaje continuo.

Al hacerlo, no sólo estás fortaleciendo las habilidades de tu equipo, sino también demostrando tu compromiso con su éxito y bienestar.

Empoderar y motivar a tu equipo es esencial para lograr el éxito en cualquier empresa o proyecto.

Al delegar responsabilidades, fomentar la autonomía, reconocer y recompensar, comunicarse efectivamente y desarrollar profesionalmente a tus miembros del equipo, estás construyendo un ambiente de trabajo positivo y estimulante.

Recuerda que cuando tus miembros del equipo se sienten valorados y empoderados, están más motivados y comprometidos para alcanzar metas y superar desafíos juntos.

Capítulo 7

Fomentar un equipo colaborativo y de alto rendimiento

En el mundo empresarial actual, la colaboración efectiva y el rendimiento óptimo del equipo son fundamentales para lograr el éxito.

Las organizaciones exitosas comprenden la importancia de fomentar un ambiente de trabajo colaborativo donde los empleados puedan trabajar juntos de manera eficiente, compartiendo conocimientos, habilidades y recursos para alcanzar metas comunes.

En este capítulo, exploraremos estrategias y mejores prácticas para fomentar un equipo colaborativo y de alto rendimiento en tu organización

Un equipo colaborativo y de alto rendimiento necesita tener un propósito compartido claro.

Esto implica establecer metas y objetivos claros que sean comprendidos y respaldados por todos los miembros del equipo.

Al definir el propósito, es importante comunicar la visión de la organización y cómo cada miembro del equipo contribuye a esa visión.

Al hacerlo, se fomenta un sentido de pertenencia y compromiso compartido, lo que impulsa a la colaboración y el rendimiento.

La comunicación abierta y honesta es esencial para construir un equipo colaborativo.

Debe haber canales de comunicación claros y accesibles para que los miembros del equipo compartan ideas, opiniones y preocupaciones.

Fomenta un ambiente en el que se valoren todas las perspectivas y se aliente el intercambio de información.

Además, promueve la retroalimentación constructiva y el reconocimiento de los logros individuales y colectivos.

La transparencia en la comunicación ayuda a generar confianza y a mantener un ambiente de trabajo positivo.

Un equipo verdaderamente colaborativo debe ser diverso e inclusivo. La diversidad en términos de habilidades, antecedentes, experiencias y perspectivas enriquece el equipo y fomenta la creatividad y la innovación.

Además, es importante crear un entorno en el que todos los miembros del equipo se sientan valorados, respetados e incluidos.

Fomentar la diversidad y la inclusión no solo mejora la colaboración, sino que también fortalece la cohesión del equipo y promueve un mayor rendimiento.

El trabajo en equipo y la cooperación son elementos esenciales de un equipo colaborativo y de alto rendimiento.

Promueve la colaboración mediante la asignación de proyectos o tareas que requieran el trabajo conjunto de varios miembros del equipo.

Fomenta la interdependencia y el intercambio de conocimientos y habilidades. Además, promueve una cultura en la que se valoren los esfuerzos colectivos y se reconozcan los logros del equipo.

Esto refuerza la mentalidad de "todos juntos" y mejora el rendimiento general del equipo.

Crear un entorno de trabajo que respalde y fomente el crecimiento y el desarrollo personal y profesional de los miembros del equipo es fundamental para promover un alto rendimiento.

Proporciona oportunidades de capacitación y desarrollo, tanto individual como grupal, para mejorar las habilidades y competencias de los miembros del equipo. Además, brinda retroalimentación continua y constructiva para ayudar a los miembros del equipo a crecer y alcanzar su máximo potencial.

Un equipo que se siente respaldado y valorado tiende a ser más colaborativo y a lograr un rendimiento excepcional.

Un equipo colaborativo y de alto rendimiento requiere un enfoque estratégico y un compromiso continuo.

Al crear un propósito compartido, fomentar la comunicación abierta y honesta, promover la diversidad y la inclusión, fomentar el trabajo en equipo y establecer un entorno de apoyo y desarrollo, tu organización puede construir un equipo eficiente y cohesionado que logre resultados excepcionales. Recuerda que el trabajo en equipo y la colaboración son fundamentales para el éxito a largo plazo de cualquier organización.

Capítulo 8

Liderando a través del cambio y la adversidad

En el entorno empresarial actual, el cambio y la adversidad son inevitables.

Las organizaciones exitosas comprenden que liderar a través de estos desafíos es esencial para mantenerse relevantes y lograr el éxito a largo plazo.

En este capítulo, estaremos dando algunas estrategias y mejores prácticas para liderar eficazmente durante momentos de cambio y adversidad, ayudando a tu organización a adaptarse, crecer y superar los obstáculos.

Como líder, es fundamental reconocer y aceptar la necesidad del cambio antes de poder guiar a otros a través de él.

Comunica claramente las razones y los beneficios del cambio, proporcionando una visión clara de cómo se espera que la organización se transforme.

Al explicar las razones detrás del cambio, puedes ayudar a generar comprensión y apoyo entre los miembros del equipo, lo que facilitará el proceso de cambio.

Crear un plan de acción claro, para momentos importantes. Durante momentos de cambio y adversidad, es importante establecer un plan de acción claro y flexible.

Identifica los pasos necesarios para lograr los objetivos del cambio y comunica estos pasos a tu equipo de manera transparente.

Al mismo tiempo, mantén la flexibilidad para adaptarte a las circunstancias cambiantes y ajustar el plan cuando sea necesario.

Un plan de acción claro y flexible brinda dirección y estructura a tu equipo mientras permite la adaptación a los desafíos imprevistos.

Fomentar la comunicación abierta y honesta, durante periodos de cambio y adversidad, se convierten en los más significativos, además en oportunidades para los avances.

Mantén a tu equipo informado sobre los avances del cambio, los desafíos que surjan y las medidas que se están tomando para abordarlos.

Alentar a los miembros del equipo a compartir sus preocupaciones, ideas y sugerencias promueve la colaboración y ayuda a encontrar soluciones creativas.

La comunicación efectiva también es clave para mantener la confianza y el compromiso en momentos difíciles. El cambio y la adversidad pueden generar estrés y desafíos emocionales en los miembros del equipo.

Como líder, es importante fomentar la resiliencia y el pensamiento positivo. Brinda apoyo emocional a tu equipo, reconociendo sus esfuerzos y logros. Anima a tus colaboradores a aprender de los desafíos y a verlos como oportunidades de crecimiento.

Al fomentar una mentalidad positiva y resiliente, estarás fortaleciendo a tu equipo y promoviendo su capacidad de superar la adversidad.

Durante los momentos de cambio y adversidad, es fácil distraerse o desviarse de los objetivos a largo plazo.

Como líder, es tu responsabilidad mantener la visión a largo plazo y guiar a tu equipo hacia ella.

Mantén a tu equipo enfocado en los objetivos estratégicos de la organización, recordándoles la importancia de su trabajo y cómo contribuye al éxito general.

Al mantener la mirada en el horizonte, ayudarás a tu equipo a superar los desafíos a corto plazo y a mantener la motivación para lograr resultados duraderos.

Liderar a través del cambio y la adversidad requiere una combinación de habilidades estratégicas y emocionales.

Al aceptar y comunicar la necesidad del cambio, crear un plan de acción claro y flexible, fomentar la comunicación abierta y honesta, promover la resiliencia y el

pensamiento positivo, y mantener el enfoque en los objetivos a largo plazo, puedes liderar de manera efectiva durante momentos difíciles.

Recuerda que tu capacidad para liderar es a través del cambio y la adversidad no solo impacta el éxito de tu organización, sino también el desarrollo y el crecimiento de tus colaboradores.

Capítulo 9

Crecimiento y aprendizaje continuos

En un entorno empresarial en constante evolución, el crecimiento y el aprendizaje continuos son fundamentales para el éxito tanto a nivel individual como organizacional.

Las organizaciones que fomentan una cultura de crecimiento y aprendizaje son más ágiles, innovadoras y capaces de adaptarse a los cambios.

Usaremos estrategias y mejores prácticas para promover el crecimiento y el aprendizaje continuo en la organización.

El primer paso para fomentar el crecimiento y el aprendizaje continuos es desarrollar una mentalidad de crecimiento en ti mismo y en tu equipo.

Una mentalidad de crecimiento implica creer en las habilidades y las capacidades que se pueden desarrollar a través del esfuerzo, la práctica y la experiencia.

Alienta a los miembros de tu equipo a abrazar los desafíos, aprender de los errores y ver las oportunidades de desarrollo en cada situación.

Una mentalidad de crecimiento crea una cultura de aprendizaje constante. Brinda oportunidades de desarrollo personal y profesional a tus colaboradores.

Esto puede incluir programas de capacitación, cursos, talleres, conferencias y mentorías.

Alentar a tu equipo a invertir en su propio crecimiento y desarrollo les brinda las herramientas y los conocimientos necesarios para mejorar su desempeño y asumir mayores responsabilidades.

Además, considera establecer planes de desarrollo individualizados que se alinean con los objetivos y las aspiraciones de cada miembro del equipo.

Promueve el intercambio de conocimientos y la colaboración entre los miembros del equipo.

Establece plataformas o espacios donde los empleados puedan compartir experiencias, mejores prácticas y aprendizajes y además brindarles las herramientas precisas, como la tecnología de una tablet, computador portátil, etc.

Esto puede incluir reuniones regulares de intercambio de conocimientos, grupos de discusión, comunidades de práctica o incluso el uso de herramientas digitales para facilitar la colaboración en línea.

El intercambio de conocimientos no solo fomenta el aprendizaje, sino que también fortalece los lazos entre los miembros del equipo.

El crecimiento y el aprendizaje continuos se alimentan de la experimentación y la innovación. Anima a tu equipo a probar nuevas ideas, asumir retos y desafíos y buscar soluciones creativas.

Fomenta un ambiente en el que se valore el aprendizaje a través de la experiencia y se acepten los errores como oportunidades de crecimiento.

Reconoce y celebra los éxitos resultantes de la experimentación, lo cual estimula la motivación y la disposición a seguir aprendiendo y creciendo.

La retroalimentación continua es esencial para el crecimiento y el aprendizaje. Crea una cultura en la que la retroalimentación sea bienvenida y apreciada.

Fomenta la retroalimentación tanto de superiores como de compañeros de trabajo, y brinda orientación constructiva y específica para ayudar a los miembros del equipo a mejorar.

Además, fomenta la autoevaluación y el autoaprendizaje, alentando a los empleados a reflexionar sobre su propio desempeño y a identificar áreas de mejora.

El crecimiento y el aprendizaje continuos son esenciales para mantenerse relevante y competitivo en el entorno empresarial actual.

Al establecer una mentalidad de crecimiento, promover el desarrollo personal y profesional, fomentar el intercambio de conocimientos, estimular la experimentación y la innovación, y establecer una cultura de retroalimentación, puedes fomentar un ambiente de crecimiento y aprendizaje constante en tu organización. Recuerda que el crecimiento individual se traduce en el crecimiento y el éxito colectivo de la organización.

Capítulo 10

Dejando un legado de liderazgo duradero

El liderazgo efectivo no solo se trata de tener durante el tiempo que se ocupa un cargo o posición, sino también de dejar un legado duradero que inspire a otros y marque la diferencia en el futuro.

En este capítulo, explicaremos cómo puedes dejar un legado de liderazgo que perdura mucho después de que hayas dejado tu posición.

Define tu visión: Un líder que desea dejar un legado duradero debe tener una visión clara de lo que quiere lograr.

Tómate el tiempo para reflexionar sobre tus valores, metas y la huella que deseas dejar en tu organización o comunidad.

Define una visión inspiradora que motivó a otros a seguir tus pasos.

Desarrolla a otros líderes: Uno de los aspectos más importantes de dejar un legado duradero es cultivar y desarrollar a otros líderes.

Comparte tus conocimientos y experiencias con quienes te rodean.

Establece programas de mentoría y capacitación para ayudar a otros a crecer y alcanzar su máximo potencial.

De esta manera, tu impacto se multiplicará a medida que otros continúen tu legado.

Para dejar un legado duradero, fomenta una cultura de liderazgo, debes fomentar una cultura de liderazgo en tu organización o comunidad.

Esto implica crear un entorno en el que se valore y promueva el liderazgo en todos los niveles.

Anima a las personas a asumir responsabilidades y tomar decisiones, y reconoce y recompensa los logros de aquellos que demuestran habilidades de liderazgo.

Sé un modelo: como líder, tu comportamiento y acciones son observados y seguidos por otros. Sé un modelo para aquellos que te rodean al demostrar integridad, empatía, resiliencia y ética de trabajo.

Sé consistente en tus acciones y cumple tus promesas.

Tu ejemplo influirá en cómo otros abordan el liderazgo y dejarán una impresión duradera en ellos.

Contribuye a la comunidad: Un líder que deja un legado duradero no solo se enfoca en su organización, sino que también contribuye al bienestar de la comunidad en general.

Identifica oportunidades para involucrarse en iniciativas sociales, proyectos de responsabilidad social corporativa o voluntariado.

Al hacerlo, no solo marcarás una diferencia en la vida de las personas, sino que también serás recordado como un líder comprometido con el bien común.

Evalúa y ajusta tu enfoque: A medida que avanzas en tu liderazgo, es importante evaluar y ajustar constantemente tu enfoque para asegurarte de que estás en el camino correcto para dejar un legado duradero.

Reflexiona sobre tus éxitos y desafíos, aprende de tus errores y realiza los cambios necesarios. El liderazgo efectivo requiere adaptabilidad y mejora continua.

Inspira y motiva: finalmente, para dejar un legado duradero, debes inspirar y motivar a otros.

Comparte historias de éxito, celebra los logros de las personas y comunica tu visión de una manera que resuene en los demás.

Al crear un ambiente de inspiración y motivación, generarán un impulso que perdurará incluso después de que hayas dejado

En resumen, dejar un legado duradero requiere tener una visión clara, desarrollar a otros líderes, fomentar una cultura de liderazgo, ser un modelo a seguir, contribuir a la comunidad, evaluar y ajustar constantemente tu enfoque, e inspirar y motivar a otros.

Al seguir estos principios, podrás dejar un impacto duradero y positivo en el mundo a través de tu liderazgo. ¡El futuro te recordará como un líder inspirador y transformador!

Capítulo 11

Conclusión

En este libro, hemos explorado una amplia gama de temas relacionados con el liderazgo efectivo.

Hemos examinado los diversos estilos de liderazgo, las habilidades y características necesarias para liderar con éxito, y las estrategias para construir y mantener equipos de alto rendimiento.

Ahora, en este capítulo final, resumimos las lecciones claves y las conclusiones principales que hemos aprendido a lo largo de este viaje.

El liderazgo efectivo se trata de comprender y valorar a las personas. Un líder exitoso se preocupa por el bienestar de los demás, los inspira y los empodera para alcanzar su máximo potencial.

Reconocer y aprovechar los talentos individuales dentro de un equipo es esencial para el éxito colectivo.

La importancia de la comunicación: la comunicación clara y efectiva es una habilidad fundamental para todo líder.

Saber transmitir la visión, las metas y las expectativas de manera clara y persuasiva, así como escuchar activamente a los demás, promueve una colaboración y un entendimiento más profundo.

Adaptabilidad y flexibilidad, en un mundo en constante cambio, los líderes exitosos son aquellos que pueden adaptarse rápidamente a nuevas circunstancias y desafíos.

La capacidad de aprender de los errores, abrazar el cambio y mantener una mentalidad abierta son características clave de un líder adaptable.

Construcción y gestión de equipos: Un líder efectivo sabe cómo construir y gestionar equipos de alto rendimiento.

Esto implica reclutar y desarrollar talentos, fomentar una cultura de colaboración, facilitar la comunicación y la resolución de conflictos, y fomentar un ambiente donde todos se sientan valorados y motivados.

La autenticidad, la integridad y la ética son fundamentales en el liderazgo efectivo.

Un líder auténtico es coherente en sus acciones y valores, y toma decisiones éticas incluso en situaciones difíciles.

Actuar con honestidad, transparencia y respeto es esencial para ganarse la confianza y el respeto de los demás.

En conclusión, el liderazgo efectivo es un viaje continuo de aprendizaje y crecimiento personal.

No hay una fórmula única para ser un líder exitoso, ya que cada situación y contexto requiere enfoques diferentes.

Sin embargo, al desarrollar habilidades claves y fomentar relaciones sólidas y mantener una mentalidad de crecimiento, podemos convertirnos en líderes más efectivos y dejar un impacto duradero en las personas y las organizaciones que lideramos.

A medida que concluimos este libro, les animo a que sigan buscando oportunidades para crecer y mejorar como líderes.

Continúen aprendiendo, desarrollando nuevas habilidades y buscando el apoyo y la retroalimentación de otros.

El liderazgo efectivo no tiene fin, y a medida que evolucionamos como líderes, también evoluciona nuestro impacto y legado.

¡Les deseo mucho éxito en su viaje de liderazgo continuo!

Agradecimientos

Queridos lectores:

Me llena de gratitud y alegría dirigirme a ustedes hoy para expresar mi más sincero agradecimiento por el apoyo y la acogida que han brindado a mi libro *Cómo ser un buen líder hoy*. El proceso de escribir y publicar este libro ha sido un viaje inspirador y enriquecedor, y su respuesta ha superado todas mis expectativas.

En primer lugar, quiero dedicar unas palabras especiales a dos personas que han sido mi fuente inagotable de inspiración y motivación: mis queridas hijas. Su amor, incluso su valentía y su constante apoyo, han sido el motor que me impulsó a seguir adelante en los momentos más desafiantes. Su presencia en mi vida me ha enseñado lecciones invaluables sobre el liderazgo y el valor del trabajo en equipo. Este libro es también un tributo a ustedes, mis amadas hijas, que han demostrado ser líderes en su propio camino.

Además, quiero expresar mi profundo agradecimiento al señor Javier Zamudio, cuyo apoyo y orientación fueron fundamentales en la creación de este libro. Su sabiduría y experiencia han dejado una huella imborrable en cada página. Gracias por compartir sus conocimientos y por creer en mí y en este proyecto desde el principio. Su guía ha sido fundamental para convertir mis ideas en una realidad tangible.

A todos y cada uno de los lectores que han invertido su tiempo y energía en leerlo, quiero expresarles mi más profundo agradecimiento. Ha sido un honor poder compartir mis conocimientos y perspectivas sobre el liderazgo con ustedes. Espero sinceramente que este libro les haya brindado herramientas prácticas y consejos útiles para su propio crecimiento como líderes.

Finalmente, quiero agradecer a mi equipo editorial, amigos y familiares que me han brindado su apoyo incondicional a lo largo de este viaje. Sus palabras de aliento y su respaldo han sido fundamentales en cada etapa del proceso.

En resumen, este libro no hubiera sido posible sin el apoyo y la colaboración de personas tan especiales en mi vida. Espero que este libro continúe siendo una fuente de orientación y motivación para todos ustedes mientras avanzan en su camino hacia el liderazgo excepcional.

Con gratitud y aprecio,

Andrés Bravo

www.ingramcontent.com/pod-product-compliance
Lightning Source LLC
Chambersburg PA
CBHW070857220526
45466CB00005B/2017